LA BATALLA DE SOLFERINO

Los orígenes de la Cruz Roja

Por Camille David
En colaboración con Fabrizio Melai
Traducido por Laura Soler Pinson

Historia en50MINUTOS.es

LA BATALLA DE SOLFERINO

DATOS CLAVE

- **¿Cuándo?** El 24 de junio de 1859.
- **¿Dónde?** En Solferino (Lombardía).
- **¿Contexto?** La segunda guerra de Independencia italiana (1859-1861).
- **¿Beligerantes?** El Imperio francés y el reino de Piamonte-Cerdeña contra el Imperio austriaco.
- **¿Principales protagonistas?**
  - Napoleón III, emperador de los franceses (1808-1873).
  - Víctor Manuel II, rey de Piamonte-Cerdeña (1820-1878).
  - Francisco José I, emperador austriaco (1830-1916).
- **¿Resultado?** Victoria de los aliados franco-sardos.
- **¿Víctimas?**
  - Bando austriaco: 22 500 muertos, heridos y desaparecidos.
  - Bando franco-sardo: 17 000 muertos, heridos y desaparecidos.

INTRODUCCIÓN

> «¡Cuántas lágrimas silenciosas se derramaron ese penoso atardecer, cuando [...] se prescindía de todo respeto humano!» (Dunant 1862)

Para poner punto final a la época revolucionaria que agita Europa desde 1789, las grandes potencias deciden restaurar el antiguo orden en 1815, poco después de la derrota de

Napoleón I (emperador de los franceses, 1769-1821) y de su exilio a la isla de Santa Helena. Pero no tienen en cuenta los deseos de libertad y las reivindicaciones nacionalistas que mueven a los pueblos europeos desde principios del siglo XIX.

Estos anhelos también aparecen en las ocho regiones que conforman el territorio italiano. Todas desean liberarse de la dominación extranjera para estar reunidas al fin en un único Estado. La batalla de Solferino, previa a la creación de esa Italia unificada e independiente, es uno de los momentos clave de la segunda guerra de Independencia italiana. En ella, se enfrentan las tropas aliadas franco-sardas y las tropas austriacas, y ambos bandos reivindican la dominación en las regiones del norte de Italia: Lombardía y Véneto. La campaña, que se inicia el 3 de mayo de 1859, es rápida y, a pesar de la victoria de Francia sobre Austria, Napoleón III decide romper la alianza que había firmado unos meses antes con el reino de Piamonte-Cerdeña y se retira del conflicto. El 11 de julio de 1859, firma un armisticio con el emperador austriaco Francisco José I.

Aunque la batalla de Solferino solo dura un día, tiene consecuencias territoriales y políticas importantes para los tres beligerantes. Pero, sobre todo, inaugura una época de conflictos distintos, dignos de las primeras guerras modernas.

CONTEXTO POLÍTICO Y SOCIAL

UNA EUROPA TRASTORNADA POR LAS REVOLUCIONES

Tras la caída de Napoleón I en 1815, las grandes potencias europeas se reúnen para celebrar el Congreso de Viena (1814-1815) con dos objetivos precisos:

- decidir el futuro de los territorios transformados por las conquistas napoleónicas;
- reconstruir un nuevo orden europeo volviendo a definir las áreas de reparto y de influencia.

Para ello, las potencias que han derrotado a Napoleón I (el Imperio austriaco, el Imperio ruso, el reino de Prusia y el Reino Unido) están convencidas de que hay que restaurar las antiguas monarquías derrocadas durante el periodo revolucionario y garantizar la implantación de regímenes autoritarios, capaces de mantener el orden en su país y de acabar rápidamente con cualquier germen de idea revolucionaria. Las potencias europeas presentes en Viena también se conceden el derecho de intervenir en los países donde su influencia es evidente para restablecer el orden, sin recibir la autorización previa del país insurrecto, ya desde las primeras señales de una corriente de voluntad liberal o nacional. A pesar de este deseo, la onda expansiva revolucionaria se siente en toda Europa, donde las ideas de los filósofos ilustrados se han difundido a lo largo de todo el siglo XVIII. No tardará en brotar el germen revolucionario nacido de las invasiones napoleónicas.

UNA ITALIA DIVIDIDA EN EL PLANO POLÍTICO

La península italiana, fragmentada desde la Edad Media en numerosos pequeños Estados, no existe como entidad política antes de finales del siglo XIX. Durante el Congreso de Viena, se vuelve a dibujar la geografía de la península y se crean ocho Estados. A la cabeza de estos territorios se encuentran las llamadas dinastías «legítimas», es decir, aquellas que estaban en el poder antes de los disturbios de 1789. El reino Lombardo-Véneto le corresponde al emperador de Austria, Francisco I (1768-1835), Francisco IV de Habsburgo-Lorena, duque de Módena (1779-1846) se coloca de nuevo a la cabeza del ducado de Módena y Fernando III de Habsburgo (1769-1824) se convierte en gran duque de Toscana. Por su parte, se concede el ducado de Parma a María Luisa de Austria (1791-1847). También se instalan tropas austriacas en el norte de los Estados Pontificios. Así, Austria vuelve a dominar gran parte del norte de la península italiana e instaura un protectorado sobre varios Estados declarados independientes, como el ducado de Parma, de Módena y de Toscana.

Por otro lado, la dinastía de los Borbones recupera el trono de los reinos de Nápoles y de Sicilia, unidos en el de las Dos Sicilias, con Fernando IV (1751-1825), mientras que se confía el ducado de Lucca a María Luisa de Borbón (1782-1824). Por último, al reino de Piamonte-Cerdeña, dirigido por Víctor Manuel I de Saboya (1759-1824), se le une la antigua república de Génova y Liguria.

A pesar del regreso a las dinastías del Antiguo Régimen, se mantiene visible la influencia de las ideas revolucionarias francesas en la vida política y en la legislación italianas. De hecho, siguen difundiéndose entre la élite intelectual y política a través de la publicación de gacetas literarias y de la aparición de salones burgueses, auténticos sitios de intercambio y debate. Por lo tanto, el terreno está abonado para que surja un sentimiento profundamente antiaustriaco.

En 1821, Piamonte aprovecha la ausencia de los austriacos, que están ocupados sofocando la rebelión napolitana, para sublevarse y elaborar una Constitución. Pero el movimiento fracasa cuando Austria, resuelta a acabar con estas reivindicaciones liberales, interviene con sus tropas. Lo mismo ocurre en 1831, cuando una nueva ola revolucionaria sacude Italia, obligando a huir a los monarcas absolutos en el trono de cada Estado, antes de regresar a sus funciones gracias a una nueva injerencia austriaca. Por consiguiente, se considera necesario que caiga el imperio de los Habsburgo, último salvavidas de la unidad italiana, para iniciar el proceso de unificación, que se llamará *Risorgimento* («renacimiento» o «resurgimiento»). Así, todas las esperanzas se centran en el único Estado que no se encuentra bajo el dominio austriaco, el reino de Piamonte-Cerdeña, que a partir de ese momento se convierte en el motor de la unificación de la península.

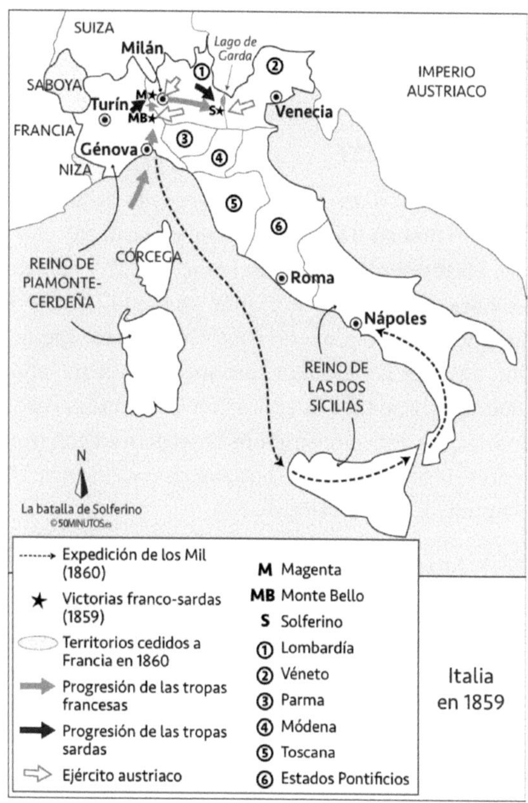

LA PRIMERA GUERRA DE INDEPENDENCIA (1848-1849)

Durante el periodo de revoluciones que sacude a Europa, se lleva a cabo un primer intento de unificación en Italia entre 1848 y 1849, dirigido por el movimiento liberal y nacionalista de los carbonarios, que desde 1820 reclama una patria unificada.

El carbonarismo

El carbonarismo es un movimiento de insurrección que se origina en Italia y que también se desarrolla en otros países europeos, como Francia. Lucha contra la dominación napoleónica y, más adelante, contra los soberanos del antiguo orden que vuelven a recuperar su trono después de 1815. Los carbonarios, que defienden la libertad nacional y la aplicación de las ideas revolucionarias, se encuentran en la base de muchos movimientos insurreccionales antiaustriacos. Participarán en la unificación de Italia.

Carlos Alberto de Cerdeña (1798-1849), influido por este movimiento, se pone a la cabeza de una coalición de Estados italianos decididos a expulsar el imperialismo austriaco. A pesar de las primeras victorias de los insurrectos, la falta de unidad, de cohesión y de organización termina por inclinar la balanza a favor del bando contrario, lo que obliga a la coalición a retirar sus tropas sucesivamente. Poco tiempo después de la represión de los altercados, Carlos Alberto de Cerdeña abdica en favor de su hijo, Víctor Manuel II, que decide apoyar la Constitución que ha elaborado su padre. Pero la ausencia de una personalidad que abandere la unidad italiana impide que los Estados logren unificarse. Habrá que esperar todavía unos años para que Italia encuentre a este personaje unificador en la persona de Camillo Benso, conde de Cavour (hombre de Estado italiano, 1810-1861).

LA AFIRMACIÓN DEL REINO DE PIAMONTE-CERDEÑA

Elegido presidente del Consejo de Piamonte en noviembre de 1852, el conde de Cavour inicia una política de apertura económica y diplomática en cuanto accede al cargo, con el objetivo de imponer su país como un nuevo actor europeo. Al participar en una coalición con el Reino Unido, el Imperio francés y el Imperio otomano contra el Imperio ruso durante la guerra de Crimea (1853-1856), el reino de Piamonte-Cerdeña intenta atribuirse legitimidad frente a las otras naciones. Además, cuando se celebra el Congreso de París (1856), con el que se debe solucionar el conflicto, el conde de Cavour aprovecha para concienciar de los problemas que vive Italia. También aprovecha la ocasión para informar a las grandes potencias de que si la dominación austriaca no cesa en el norte y en el centro de la península y si el rey de Nápoles no da curso a las reformas que sus Estados han pedido, puede que Italia viva de nuevo problemas que amenazarían el orden europeo. Aunque esta observación no parece preocupar a las potencias, sí que da la sensación de que la unificación italiana está a punto de despegar. Todavía falta por solucionar la cuestión de la soberanía austriaca en la Italia septentrional (Lombardía y Véneto). Sin embargo, para que la balanza se incline de su lado, Piamonte-Cerdeña necesita a un aliado de peso, que podría encontrar en Francia.

LA SEGUNDA GUERRA DE INDEPENDENCIA (1859-1861)

El Imperio francés se muestra favorable a la unidad italiana: en efecto, Napoleón III, en el poder desde 1852, sueña con crear una Italia federada en la que controlaría la expansión del reino de Cerdeña. Para lograrlo, encarga a su médico personal Henri Conneau (1803-1877) una misión: reunirse con el ministro Cavour en Turín para negociar los términos de una entrevista secreta. Esta se produce el 20 y 21 de julio de 1858 en Plombières-les-Bains, un pequeño balneario en los Vosgos. Las negociaciones concluyen con el establecimiento de un tratado secreto, firmado de manera oficial en enero de 1859, que además de prever un matrimonio entre el emperador francés y María Clotilde de Saboya (1843-1911), la hija del rey de Cerdeña, también estipula una alianza ofensiva y defensiva con Piamonte. De esta manera, Napoleón III se compromete a ayudar militarmente al reino italiano para liberar al norte de la dominación austriaca y, a cambio, obtiene el ducado de Saboya y el condado de Niza. También exige que el papa, que conservaría Roma, sea colocado a la cabeza de una confederación de monarquías italianas.

Así, tras este acuerdo, el conde de Cavour elabora una estrategia con el objetivo de provocar un conflicto: para la primavera de 1859, prevé una insurrección en Massa y en Carrara (al sur del ducado de Módena), que obligaría a Austria a intervenir. Entonces, se crea un cuerpo de voluntarios para liberar la Lombardía septentrional. El 23 de abril de 1859, el emperador austriaco Francisco José I lanza un ultimátum al reino de Cerdeña, en el que exige el desarme y el despido de los voluntarios. Dado que su petición no obtiene ninguna respuesta, Austria decide entrar en guerra y, el 29 de abril, las tropas cruzan el Tesino, río que separa Piamonte y Lombardía. Napoleón III, dispuesto a cumplir el pacto que se había concluido, declara la guerra a Viena el 3 de mayo de 1859. Acaba de empezar la segunda guerra de Independencia italiana.

ACTORES PRINCIPALES

NAPOLEÓN III, EMPERADOR DE LOS FRANCESES

Retrato de Napoleón III.

Luis Napoleón Bonaparte (futuro Napoleón III), nacido en 1808 en París, es un príncipe de Francia y de Holanda, y el heredero al trono imperial tras el fallecimiento de su hermano mayor Napoleón Luis Bonaparte (1804-1831) y de Napoleón II (1811-1832). Tras varios intentos de golpe de Estado, Napoleón III es condenado y encerrado en el castillo de Ham, en la región de Picardía. Una vez liberado, aprovecha las consecuencias de la revolución de 1848 y su popularidad para salir elegido presidente de la República, con lo que se convierte en la primera persona en haber sido electa mediante sufragio universal masculino en Francia. Su régimen, que primero es autoritario, se abre progresivamente para dar lugar a un imperio liberal.

Con el deseo de reforzar su régimen con éxitos en política exterior, primero se alía con el Reino Unido contra el Imperio ruso durante la guerra de Crimea en 1854, y después con el reino de Piamonte-Cerdeña contra el Imperio austriaco en 1859. Pero al lanzarse en una expansión colonial y comercial, suscita las hostilidades de Prusia. A partir de ese momento, gracias a una maniobra de provocación hábil y deliberada, el canciller prusiano Otto von Bismarck (1815-1898) anima a que Napoleón III le declare la guerra el 19 de julio de 1870. Sin embargo, la situación en seguida se vuelve crítica para el emperador francés, que sufre una severa derrota en Sedán el 2 de septiembre de ese mismo año. Este revés provoca su caída y pone punto final al Segundo Imperio.

El telegrama de Ems

La guerra franco-prusiana de 1870 estalla tras el telegrama de Ems. Se trata de un comunicado oficial que contiene el relato editado de las conversaciones que tienen lugar durante una reunión en Ems, el 13 de julio de 1870, entre el rey prusiano Guillermo I y el embajador de Francia. El objetivo de este encuentro era confirmar la retirada de la candidatura de un príncipe prusiano al trono de España. El canciller prusiano Otto von Bismarck, que espera sacar partido de las circunstancias, envía a las cancillerías extranjeras una versión modificada del texto cuyo tono Napoleón III y la opinión pública consideran lo suficientemente provocador como para servir de *casus belli*.

Napoleón III se exilia a Inglaterra, donde muere en enero de 1873, con lo que se pone punto final a un reinado desprestigiado que será rehabilitado más tarde.

VÍCTOR MANUEL II, REY DE PIAMONTE-CERDEÑA

Retrato de Víctor Manuel II.

Hijo de Carlos Alberto de Cerdeña y de María Teresa de Austria-Toscana (1801-1855), Víctor Manuel II nace en Turín en 1820. Su enseñanza militar la recibe al liderar una brigada contra los austriacos en 1848, antes de suceder a su padre al año siguiente. Continúa el proceso del *Risorgimento* que este había iniciado y, para ello, se rodea de personajes relevantes, como el conde de Cavour o Giuseppe Garibaldi. De hecho, alienta la expedición de los Mil que este último lidera y es elegido en 1861 para convertirse en rey de la nueva Italia.

LA EXPEDICIÓN DE LOS MIL

Giuseppe Garibaldi lanza la expedición de los Mil en 1860 en el marco del proceso de unificación italiana. El objetivo es apoyar a los habitantes del reino de las Dos Sicilias, que se han sublevado contra el rey Borbón que reina en Nápoles. Los rebeldes sicilianos requieren la colaboración de Giuseppe Garibaldi, y este, ayudado por Piamonte-Cerdeña, toma las riendas de la expedición y desembarca en Marsala (Sicilia) el 11 de mayo con un cuerpo de alrededor de mil voluntarios. Aunque la empresa es audaz, se salda con un claro éxito: las tropas de Garibaldi logran ocupar toda Sicilia a partir del 1 de agosto, antes de lanzarse a la conquista del continente. Una vez que Calabria está sometida, Garibaldi se apodera de Nápoles tras la huida del rey Francisco II y somete todo el territorio en nombre de Víctor Manuel II. El episodio se termina con un plebiscito que permite que Nápoles y Sicilia entren en el reino de Italia.

Cuando Víctor Manuel II se alía con Prusia en 1866, logra vencer a las tropas austriacas en Sadowa y amplía su reino añadiendo el Véneto. También se aprovecha de la derrota francesa frente a Prusia en 1870 y entra en Roma —que, hasta entonces, protegía Francia— para convertirla en la capital de su Estado. Víctor Manuel II, que materializa las aspiraciones italianas, goza de una gran popularidad durante todo su reinado, tal y como lo confirma su pseudónimo, *il re galantuomo* («el rey gentilhombre»).

Muere en enero de 1878 a consecuencias de las fiebres palúdicas, tras pasar 28 años en el trono.

FRANCISCO JOSÉ I, EMPERADOR AUSTRIACO

Retrato de Francisco José I.

Francisco José I, nacido en Viena en 1830, es el nieto del emperador Francisco I y el hijo del archiduque de Austria Francisco Carlos (1802-1878) y de la princesa Sofía de Baviera

(1847-1897). A pesar de ser tercero en el orden sucesorio, cuenta con muchas posibilidades de acceder un día al trono: en efecto, su tío y su padre tienen muchos problemas de salud física y mental.

Tras las revoluciones de 1848, el joven accede a la cabeza del Imperio austriaco. Hostil por principios a las reformas, instaura un régimen autoritario y lucha contra las influencias liberales y las reivindicaciones nacionales. No tolera ningún contrapoder y así da paso a la era del neoabsolutismo en Austria (1851-1859).

EL NEOABSOLUTISMO

El neoabsolutismo designa al proceso en el que Francisco José I retoma el control del poder durante los años 1850. Sin embargo, según la tradición imperial de los Habsburgo, el poder del emperador tendría que haber estado limitado por la aristocracia, las dietas (en ciertos países de Europa central, designa al Parlamento, encargado de escoger al soberano y de elaborar las leyes) y las asambleas constituyentes de Viena, Budapest y Fráncfort.

Defensor del orden establecido por el Congreso de Viena, interviene periódicamente tanto en su país como en el exterior para sofocar las ideas revolucionarias que están volviendo a surgir. En 1879, preocupado por el expansionismo ruso, concluye una alianza con Alemania, la Dúplice, y en 1908 se anexiona Bosnia-Herzegovina. El 28 de junio de 1914, en Sarajevo, un nacionalista serbio asesina a su sobrino, Francisco Fernando de Austria. Como consecuencia de este asesinato, Francisco José I ataca Serbia, lo que conduce al inicio de la Primera Guerra Mundial (1914-1918). Aquejado de una congestión pulmonar en noviembre de 1916, el hombre se apaga tras 68 años de reinado.

ANÁLISIS DE LA BATALLA

LAS FUERZAS PRESENTES

El 24 de junio de 1859, casi 330 000 soldados se enfrentan durante la contienda más importante desde la batalla de Leipzig en 1813.

LA BATALLA DE LEIPZIG

La batalla de Leipzig, también llamada la «batalla de las naciones», se desarrolla en el corazón de Alemania entre el 16 y el 19 de octubre de 1813. Enfrenta a una coalición de aliados (Rusia, Austria, Prusia y Suecia) contra el ejército francés, en un conflicto que destaca por la gran cantidad de fuerzas empleadas: los historiadores estiman que el número de combatientes se sitúa en torno a los 500 000. Tras unos días de batalla, los aliados se alzan con la victoria. Pero Napoleón I evita que su ejército sea arrasado gracias a una retirada ingeniosa y estratégica.

Las fuerzas austriacas, lideradas por el emperador Francisco José I, se dividen en dos ejércitos: el primero se despliega en la llanura del Po y está abastecido por la fortaleza de Mantua, mientras que el segundo ocupa una colina al norte y está abastecido por la de Peschiera. Su misión se vuelve compleja por una falta de cohesión. En efecto, desde la época medieval, la mayor parte de los regimientos son, en la práctica, pequeños ejércitos personales que pertenecen a su comandante. Los mandos militares son, en su mayoría, nobles de alto linaje a los que a veces les faltan competencias tácticas y, a menudo, difieren por razones políticas, económicas o personales.

Por su parte, el ejército francés está compuesto por soldados experimentados con armas modernas, y dirigido por mandos escogidos por sus competencias y sus capacidades tácticas. Cinco cuerpos del ejército acompañados por la Guardia Imperial, liderados por Napoleón III, son enviados a Italia. Además, se ordena al Ejército de África que envíe un contingente (es decir, tres batallones de 1100 tiradores argelinos) para engrosar las filas durante la campaña, en la que también participa el 2.º Regimiento Extranjero.

Para acabar, el ejército sardo se compone de cuatro divisiones lideradas por Víctor Manuel II, que se reestructuran y se reorganizan siguiendo el modelo francés. También hay algunas tropas que provienen de Saboya, entre las que se encuentran muchos voluntarios inexperimentados y mal preparados, así como oficiales con un temperamento individualista, lo que causará muchos fracasos durante los enfrentamientos.

LOS PRIMEROS AVANCES

El 18 de mayo, Napoleón III llega a Génova con sus hombres, a los que la población piamontesa acoge como libertadores. En seguida, el emperador toma el mando de las tropas aliadas y les presenta su plan, que consiste en efectuar una marcha de flanco para alcanzar Milán por el norte, cuando todo el mundo lo espera al sur, tal y como había hecho anteriormente su tío Napoleón I. La maniobra resulta ser un éxito y sorprende a los austriacos. El 20 de mayo, los dos ejércitos se encuentran por primera vez en Montebello. Ahí, la caballería piamontesa y el 2.º cuerpo de Mac-Mahon (mariscal de Francia y hombre de Estado francés, 1808-1893) logran derrotar a las fuerzas austriacas que, sin embargo, les doblan en número.

El 31 de mayo, en Palestro, el 3.ᵉʳ Regimiento de Zuavos (soldados del Ejército de África, que se considera que forman parte de la mejor tropa durante la campaña de Italia) logra vencer a una brigada austriaca y se apodera de cinco cañones. En el campo de batalla, el rey de Piamonte, Víctor Manuel II, que ha participado en el ataque, es hecho cabo de honor de los zuavos.

Al día siguiente, el ejército francés cruza el Tesino por dos puentes y avanza en su camino hacia Milán, pero su progreso se ve rápidamente frenado por 60 000 austriacos atrincherados en Magenta. La situación es complicada y, durante mucho tiempo, no se sabe cómo acabará la batalla. Los enfrentamientos causan estragos en las viviendas hasta la llegada del mariscal Mac-Mahon: con sus 25 000 soldados, inclina la balanza a favor de los franco-sardos el 4 de junio. Sin embargo, el número de víctimas es elevado: cerca de 9000 soldados pierden la vida. Pero ahora ya está libre el camino hacia la capital de Lombardía y, el 8 de junio, Napoleón III y Víctor Manuel II hacen una entrada triunfal en Milán. A continuación, prosiguen su camino para liberar el norte de Italia.

Por su parte, el ejército austriaco se ve obligado a replegarse tras varios afluentes del Po. Pero el emperador Francisco José I no ha dicho su última palabra y decide tomar el mando supremo de sus tropas. El 23 de junio, alcanza junto a sus hombres la orilla derecha del Mincio (río italiano) y se sitúa en varios lugares elevados que dominan la llanura. Desde ahí, espera poder aprovechar el cansancio de los franceses, que justo acabarán de cruzar el Chiese, cuyos puentes han sido destruidos por los austriacos. Sin embargo, contra todo pronóstico, una gran parte de las tropas ya ha cruzado el río el 22 de junio, gracias a la eficacia de la ingeniería francesa, y también avanza hacia el Mincio.

A pesar de los informes de las patrullas de reconocimiento, los dos ejércitos no saben realmente cuál es la posición exacta de sus enemigos. En efecto, los franceses creen que los austriacos, que se encuentran en la orilla oeste del Mincio, solo son una simple patrulla, mientras que los austriacos piensan que los franceses se encuentran en la otra orilla del Chiese. No obstante, los dos ejércitos están desplegados en dos líneas paralelas muy cercanas que se extienden durante 12 a 15 kilómetros y, sin saberlo, avanzan uno hacia otro.

LA BATALLA DE SOLFERINO

El 24 de junio, las dos líneas entran en contacto. El 1.er cuerpo francés del general Achille Baraguey d'Hilliers (1795-1878), que ha partido en cabeza a las 3 de la madrugada, avanza hacia Solferino, ignorando que los austriacos la ocupan desde el día anterior. Estos se han instalado en las alturas de San Martino (al norte de Solferino) y, en el centro de su dispositivo, tienen el precipicio escarpado de Solferino, coronado por su torre bautizada *la spia di Italia*, «la espía de Italia», por la visibilidad que ofrece sobre todas las llanuras de Lombardía y del Véneto.

Hacia las 5 de la madrugada, se inicia la batalla de improviso. El mariscal Mac-Mahon toma la ciudad, pero a duras penas mantiene su posición, al igual que los generales Adolphe Niel (1802-1869), François Certain Canrobert (1809-1895) y Achille Baraguey d'Hilliers, situados en los flancos. Las tropas austriacas ubicadas en la región resisten durante mucho tiempo a los asaltos conjuntos de los dos cuerpos del ejército.

Muy rápidamente, Napoleón III entiende que la clave de la batalla está en el centro, en Solferino, donde el 1.er cuerpo sufre pérdidas importantes. A las 10:30, decide movilizar para la batalla a la Guardia Imperial, a los granaderos y a los zuavos del general Émile Mellinet (1798-1894), que cobran ventaja sobre sus enemigos. Durante este episodio, el papel de los *voltigeurs* o saltadores de la Guardia Imperial que cargan con la bayoneta por delante contra fuerzas cuatro veces más numerosas es decisivo, ya que logran penetrar por el centro. Cae el municipio de Solferino a principios de la tarde, tras tres horas de combate.

No obstante, la batalla no ha acabado y los franceses continúan desplegándose para conquistar los municipios vecinos, donde vuelven a encontrar una fuerte resistencia. Pero la llegada de las tropas del general François Certain Canrobert permite arrancar la localidad de Cavriana de las manos de los austriacos. Para evitar ser rodeados, Francisco José I ordena la retirada. Napoleón III desearía perseguir a las tropas austriacas, pero el mariscal Mac-Mahon lo disuade: las tropas franco-sardas no serían capaces. Esto permite que los austriacos se refugien detrás de las fortalezas del cuadrilátero (dispositivo defensivo austriaco), cuyas cumbres son las fortalezas de Peschiera, Mantua, Legnano y Verona.

Aunque los combates decisivos se desarrollan principalmente en la ciudad de Solferino, los enfrentamientos del 24 de junio de 1859 también tienen lugar en otros dos campos de batalla, al norte y al sur de Solferino.

Los combates empiezan en Medole, el sector sur del frente, cuando el 4.º Cuerpo del Ejército francés se encuentra con un regimiento avanzado del 1.ᵉʳ Ejército austriaco. El general Adolphe Niel, que despliega sus fuerzas en la frontera oriental del pueblo, impide a tres cuerpos del ejército austriaco que ayuden a los soldados del 2.º Ejército, presentes en las alturas de Solferino mientras reciben violentos ataques de las tropas del mariscal Mac-Mahon y de Achille Baraguey d'Hilliers. Gracias a una alternancia hábil entre acciones de contraataque y de defensa, las tropas del general Adolphe Niel logran contener los asaltos de los austriacos que, sin embargo, están en superioridad numérica.

En el norte, en San Martino, el 1.ᵉʳ Regimiento sardo

entra en contacto con los austriacos que, esta vez, están en inferioridad numérica y que logran mantener su posición hasta el final de la tarde, cuando los ejércitos austrohúngaros se retiran de Solferino para refugiarse más allá del Mincio.

UN BALANCE EXTREMADAMENTE TRÁGICO

Tras el final de la batalla, el balance es trágico: unos 40 000 soldados han perdido la vida. Las carreteras y los barrancos están cubiertos de muertos y de heridos. Frente al alcance de las pérdidas, Napoleón III decide no seguir el combate, sobre todo porque se escuchan rumores sobre importantes movimientos de tropas prusianas que estarían produciéndose en el Rin y sobre el hecho de que Prusia amenazaría con unir a los principados alemanes para enfrentarse a una Francia cada vez más peligrosa y molesta.

Sin embargo, el emperador francés no puede luchar simultáneamente en dos frentes. Además, no le gusta que el conde de Cavour haya maquinado a sus espaldas: en efecto, en Plombières-les-Bains, ambos se habían puesto de acuerdo para convertir a Italia en una confederación en la que Piamonte-Cerdeña sería solo un Estado miembro. Sin embargo, el conde quiere obtener más alentando sublevaciones en Parma, en Módena e, incluso, en los Estados Pontificios. Esto coloca a Napoleón III en una situación desafortunada, ya que los ambientes católicos franceses no podrían aceptar que la soberanía del papa se viera amenazada.

Así, decide poner punto final a la alianza franco-sarda, que habrá durado únicamente dos meses, y firma un armisticio con el emperador Francisco José I en Villafranca, el 11 de julio de 1859. Este giro de los acontecimientos provoca la indignación en Italia y la dimisión del conde de Cavour. De hecho, el ministro italiano se niega a dejar las armas e intenta convencer en vano al rey para que continúe la guerra, incluso sin aliado. Por lo tanto, el Tratado de Zúrich, negociado el 10 y 11 de noviembre, acaba con el conflicto.

REPERCUSIONES

EL TRATADO DE ZÚRICH

El Tratado de Zúrich, firmado el 11 de noviembre de 1859, estipula que:

- Austria deberá ceder Lombardía a Francia, que a su vez se encargará de entregarla al reino de Piamonte-Cerdeña;
- a cambio, el Véneto y las fortalezas de Mantua y de Peschiera seguirán en manos de los austriacos;
- los soberanos de Módena, de Parma y de Toscana recuperarán su trono;
- se creará una confederación italiana que abarque todos los Estados, incluido el Véneto, y será presidida por el papa.

De todas estas condiciones, solo una se materializará: la de la anexión de Lombardía al reino de Piamonte-Cerdeña.

LAS CONSECUENCIAS POLÍTICAS Y TERRITORIALES

Aunque no se concreta la mayoría de las cláusulas del contrato, a largo plazo son muchas las implicaciones políticas y territoriales de la batalla de Solferino para los tres protagonistas.

Para la futura Italia, se trata de un avance importante en el proceso del *Risorgimento*. En efecto, la victoria en Solferino pone punto final a la guerra contra Austria para la independencia de Lombardía, previa a la creación de una Italia unificada. A continuación, los acontecimientos se suceden rápidamente. En tan solo un año, los Estados del norte se unifican a los del sur gracias a la expedición de los Mil. Organizada por Giuseppe Garibaldi, esta permite anexionar Sicilia y los territorios del sur de Italia, desde Calabria hasta Marcas. En 1861, Víctor Manuel II es proclamado rey de Italia. Todavía queda el Véneto, que los austriacos recuperan en 1866, y Roma y su región, controlada por el Vaticano y protegida por Francia. Pero la derrota francesa en Sedán en 1870 les permite entrar en Roma y anexionar los territorios pontificios, lo que termina por sellar definitivamente la unión italiana.

Por su parte, Francia decide retirarse del conflicto tras la dura batalla de Solferino y poner fin a la alianza franco-sarda, lo que provoca la decepción de los italianos. La anexión del condado de Niza y del ducado de Saboya era una condición de los acuerdos secretos de Plombières-les-Bains, pero ya no está a la orden del día cuando se firma el armisticio de Villafranca, tras la negativa de varias potencias europeas. Pero la opinión pública empieza a preocuparse al ver que no se concreta la anexión al Imperio francés. Entonces, Francia y el reino de Piamonte-Cerdeña firman el Tratado de Turín el 24 de marzo de 1860 para oficializar la cesión de dos regiones a Francia, cumpliendo ciertos requisitos y a condición de que la población esté de acuerdo. Los plebiscitos se celebran en abril y ratifican las decisiones principescas que, de todas formas, ya habían sido selladas.

De acuerdo con los acuerdos de Villafranca, Austria cede

Lombardía (salvo Mantua y Peschiera) a Francia, que se la entrega a su vez al reino de Piamonte-Cerdeña, tal y como se había estipulado. La batalla también tiene consecuencias importantes para la monarquía de los Habsburgo, que sufre un declive progresivo. En efecto, estalla una gran cantidad de levantamientos en otros Estados italianos. Además, Austria debe enfrentarse al descontento de los húngaros que, tras la derrota de Sadowa, reivindican la creación de una doble monarquía que reúna al imperio de Austria y al reino de Hungría, una unión que nacerá en 1867. A esto se añade el cuestionamiento de su sistema neoabsolutista, pero también el refuerzo de las rivalidades con Prusia, que poco a poco se convierte en la primera potencia en la confederación germánica, en perjuicio de Austria.

EL INICIO DE LAS GUERRAS MODERNAS

Los progresos técnicos ligados a la Revolución Industrial modifican la forma de guerrear ofreciendo nuevos armamentos. La utilización de cañones y de fusiles más eficaces aumenta todavía más la mortalidad en las batallas, y los combates cuerpo a cuerpo son cada vez menos frecuentes. Surge un nuevo tipo de conflictos, que marca el inicio de las guerras modernas.

Durante la batalla de Solferino, el ejército francés tiene a su disposición cañones rayados que permiten precisar la trayectoria y aumentar la velocidad del proyectil. También utiliza cañones de a cuatro de bronce (tipo de cañón) que tienen el inconveniente de tener que cargarse por la boca, pero que proyectan los obuses con una mayor precisión y a una distancia dos veces superior a la de los austriacos. Estos progresos otorgan a Napoleón III una ventaja innegable y suscitan el interés de los demás ejércitos del mundo occidental. A partir de ese momento, las victorias dependen de la calidad y del rendimiento de la artillería, y ya no de la superioridad numérica. En este sentido, la guerra de Secesión (1861-1865) que sacude a Estados Unidos dos años más tarde constituye un terreno de experimentación de estas nuevas tecnologías.

El desarrollo de la máquina de vapor también altera la guerra, ya que otorga más movilidad a los ejércitos gracias al ferrocarril. Por primera vez, durante la batalla de Solferino, el desplazamiento de las tropas enviadas hacia el teatro de operaciones se hace por vía férrea: cada día llegan a los campos de batalla unos 8000 hombres y 500 caballos.

UN CONFLICTO QUE ORIGINA LA CREACIÓN DE LA CRUZ ROJA

Con los avances tecnológicos, las guerras modernas son cada vez más mortíferas. Es cierto que durante la batalla de Solferino se producen numerosas víctimas, pero también una gran cantidad de heridos, que acabarán muriendo por la falta de cuidados, ya que no se prevé ninguna estructura médica para enfrentarse a su afluencia masiva. Ni las cantineras, que siguen a sus esposos al campo de batalla, ni los pocos oficiales de salud bastan para organizar las ambulancias.

Cuando Henri Dunant, un joven banquero suizo, visita el

campo de batalla, queda espantado por los horrores de la guerra y organiza como puede los primeros auxilios. De regreso a Ginebra, escribe una obra, *Recuerdo de Solferino*, para alertar a la opinión internacional sobre el desastre, y recomienda la creación de una organización internacional neutra que se ocupe de los heridos. Así, el 17 de febrero de 1863, Henri Dunant funda con cuatro amigos el Comité Internacional de la Cruz Roja (CICR). El 22 de agosto de 1864, se celebra una conferencia internacional para mejorar el destino de los militares heridos en los campos de batalla, en la que se firma la Primera Convención de Ginebra.

¿SABÍAS QUE...?

A menudo, la batalla de Solferino evoca recuerdos de horror. El relato de Henri Dunant contribuye a transmitir esta imagen de un campo de batalla donde reinan el caos y la desesperación. Sin embargo, el porcentaje de víctimas (muertos y heridos) es de alrededor del 12,5 % (el 10 % para las fuerzas franco-sardas y el 14 % para los austriacos), mientras que en las batallas de Marengo (14 de junio de 1800), de Eylau (8 de febrero de 1807), del Moskova (7 de septiembre de 1812) y de Leipzig, el porcentaje de víctimas oscila entre el 20 % y el 25 %. La batalla más mortífera del siglo XIX es, sin lugar a dudas, la batalla de Gettysburg (1-3 de julio de 1863), en la que mueren el 32,4 % de los que se encuentran en las filas confederadas.

No obstante, la batalla de Solferino queda grabada en la memoria colectiva. Quizás es por los daños producidos por la evolución del armamento y por la ausencia de apoyo médico, algo que choca a la opinión pública internacional y contribuye a la leyenda negra de Solferino.

EN RESUMEN

1848-1849
Primera Guerra de Independencia italiana

1858
20-21 jul.: acuerdo secreto entre Cavour
y Napoleón III

1859
3 may.: inicio de la Segunda Guerra de
Independencia italiana
24 jun.: **batalla de Solferino**
11 jul.: armisticio entre Francia y Austria
11 nov.: Tratado de Zúrich, final de la Segunda
Guerra de Independencia italiana

1860
24 mar.: Tratado de Turín

1861
Víctor Manuel II es proclamado rey de Italia

1863
17 feb.: creación de la Cruz Roja

1871
Final de la unificación de Italia

- El 20 y 21 de julio de 1858, Napoleón III y el ministro piamontés Cavour firman en Plombières-les-Bains un acuerdo militar secreto que prevé una ayuda militar para liberar la Italia septentrional de la dominación austriaca, a cambio de la cesión del ducado de Saboya y del condado de Niza a Francia.

- Frente al enrolamiento masivo de voluntarios en un cuerpo expedicionario destinado a liberar Lombardía, el emperador austriaco Francisco José I lanza un ultimátum al reino de Piamonte-Cerdeña.

- El 29 de abril de 1859, Austria declara la guerra al reino de Piamonte-Cerdeña, lo que provoca la entrada en el conflicto de Francia junto a los italianos el 3 de mayo de 1859.

- El 18 de mayo, las tropas francesas, a las órdenes de Napoleón III, llegan a Italia: empieza en ese momento la campaña de Italia.

- Tras una victoria de los aliados franco-sardos en Magenta el 4 de junio, las tropas austriacas, que se habían replegado, deciden retomar la ofensiva avanzando hacia el enemigo, mientras que los franco-sardos también progresan hacia ellos.

- Los dos ejércitos se encuentran en la mañana del 24 de junio de 1859 y estallan combates en un frente de entre 12 y 15 kilómetros de largo, en las ciudades de San Marino, Solferino y Medole.

- Tras unas horas de batalla, hacia las 11:30, Napoleón III decide golpear por el centro, concentrando sus fuerzas en la ciudad de Solferino.

- Tres horas más tarde, los soldados franceses conquistan Solferino, lo que genera la retirada de las fuerzas austriacas tras las fortalezas del cuadrilátero.

- Al día siguiente, tras haber visitado un campo de batalla plagado de cuerpos, Napoleón III decide retirarse del conflicto y firma un armisticio con Austria el 11 de julio en Villafranca.

- Los términos del cese el fuego y del final de la alianza franco-sarda son oficializados el 11 de noviembre de 1859 en el Tratado de Zúrich.

- El Tratado de Turín del 24 de marzo de 1860 confirma la anexión del condado de Niza y del ducado de Saboya a Francia.

¡Tu opinión nos interesa!
¡Deja un comentario en la página web de tu librería en línea,
y comparte tus favoritos en las redes sociales!

PARA IR MÁS ALLÁ

FUENTES BIBLIOGRÁFICAS

- Audoin-Rouzeau, Stéphane y Nadeije Laneyrie-Dagen. 1997. *Les grandes batailles*. París: Larousse.
- Dunant, Henri. 1982. "Recuerdo de Solferino". *CICR*. Consultado el 7 de junio de 2017. https://www.icrc.org/spa/assets/files/other/icrc_003_p0361.pdf
- Encyclopaedia Universalis, "Solferino, Bataille de (24 juin 1859)". Consultado el 7 de junio de 2017. http://www.universalis.fr/encyclopedie/bataille-de-solferino/
- Encyclopaedia Universalis, "Victor-Emmanuel II (1820-1878) roi de Sardaigne (1849-1861) et d'Italie (1861-1878)". Consultado el 7 de junio de 2017. http://www.universalis.fr/encyclopedie/victor-emmanuel-ii/
- Macdonald, John. 1985. *Grandes batailles de l'histoire mondiale*. París: Albin Michel.
- Marseille, Jacques. 1997. *Le monde du milieu du XIXᵉ siècle à 1939*. París: Nathan.
- Pécout, Gilles. 2004. *Naissance de l'Italie contemporaine. 1770-1922*. París: Armand Colin.
- Savès, Joseph. 2016. "24 juin 1859. Solferino donne naissance à la Croix Rouge". *Hérodote*. Consultado el 7 de junio de 2017. https://www.herodote.net/24_juin_1859-evenement-18590624.php
- Tulard, Jean. 1995. *Dictionnaire du Second Empire*. París: Fayard.
- Widemann, Thierry. 2009. *À propos de la bataille de Solferino. Chemins de mémoire*, n.º 196.

FUENTES COMPLEMENTARIAS

- Cipolla, Costantino. 2009. *Il crinale dei crinali. La battaglia di Solferino e San Martino*. Milán: FrancoAngeli.
- de Cesena, Amédée. 1860. *Campagne de Piémont et de Lombardie*. París: Garnier Frères.
- Lebrun, Barthélemy Louis Joseph. 1859. *Souvenirs des guerres de Crimée et d'Italie*. París: Émile de La Bédollière.
- Lecat de Bazancourt, César. 1860. *La Campagne d'Italie de 1859. Chroniques de la guerre*. París: Amyot.
- Kuśniewicz, Andrzej. 1981. *Il Re delle due Sicilie*. Palermo: Sellerio Editore.
- Marocchi, Massimo. 2007. *Il racconto della seconda guerra d'indipendenza attraverso le memorie e le lettere*. Udine: Gaspari Editore.
- Martelli, Stelio. 1971. *Le battaglie di Solferino e San Martino*. Azzate: Varesina.
- Milani, Mino. 2008. *Le battaglie di Solferino e San Martino*. Rudiano: GAM Edizioni.
- Sogliani, Daniela. 2009. *La battaglia di Solferino e San Marino. Arte, storia e mito*. Milán: Officina Libraria.

FUENTES ICONOGRÁFICAS

- Retrato de Napoleón III. La imagen reproducida está libre de derechos.
- Retrato de Víctor Manuel II. La imagen reproducida está libre de derechos.
- Retrato de Francisco José I. La imagen reproducida está libre de derechos.

DOCUMENTAL

- *Les grandes batailles du passé - Solferino, 1859.* Dirigido
  por Henri de Turenne y Daniel Costelle. Francia: INA,
  1976.

EDIFICIO CONMEMORATIVO

- La torre de San Martino della Battaglia y su museo, en
  Desenzano del Garda, Lombardía, Italia.

¡APRENDER NUNCA ANTES FUE TAN RÁPIDO!

www.en50minutos.es

www.en50Minutos.es

ISBN ebook: 9782806293640

ISBN papel: 9782806293657

Depósito legal: D/2017/12603/60

Libro realizado por <u>Primento</u>, el socio digital de los editores